Und die Tiere des Feldes
empfanden Ehrfurcht vor ihm
und die Vögel hatten keine Angst vor ihm;
denn er erschreckte sie nicht,
ja, sogar die wilden Tiere der Wüste
fühlten die Macht Gottes in ihm
und dienten ihm freiwillig
und trugen ihn von Ort zu Ort.

Kapitel 6, 14

Die Tierliebe Jesu

*Christliche Inspirationen
aus dem
Evangelium des vollkommenen Lebens*

Bibliografische Information der Deutschen Nationalbibliothek:
Die Deutsche Nationalbibliothek verzeichnet diese Publikation in der Deutschen Nationalbibliografie; detaillierte bibliografische Daten sind im Internet über http://dnb.dnb.de abrufbar.

TWENTYSIX – Der Self-Publishing-Verlag
Eine Kooperation zwischen der Verlagsgruppe Random House und BoD – Books on Demand

© 2020 Antonia Katharina Tessnow

Herstellung und Verlag:
BoD – Books on Demand, Norderstedt

ISBN: 978-3-740-76588-0

Writing, Format, Layout, Pictures, Punctuation Marks by Antonia Katharina Tessnow

<u>*Webseite der Autorin:*</u>
www.antonia-katharina.de

Wahrlich, ich sage euch:
Alles, was ihr einem von diesen,
meinen geringsten Brüdern getan habt,
das habt ihr mir getan.

Matthäus 25, 40

Die Befreiung der Vögel

Und eines Tages kam der Knabe Jesus an einen Ort, wo eine Falle für Vögel gestellt war, und es standen einige Knaben dabei. Und Jesus sprach zu ihnen: 'Wer hat diese Schlinge hierher gelegt für die unschuldigen Geschöpfe Gottes? Siehe, sie werden in gleicher Weise in einer Schlinge gefangen werden.' Und Er erblickte zwölf Sperlinge, die waren wie tot.

Und Er bewegte Seine Hände über ihnen und sprach zu ihnen: 'Flieget hinweg, und solange ihr lebet, denket an Mich.' Und sie erhoben sich und flogen hinweg mit Geschrei. Die Juden, die das sahen, waren sehr erstaunt und erzählten es den Priestern.

Kapitel 6, 7 - 8

Jesus bringt den Frieden zwischen allen Tieren und dem Mensch

Denn der Geist göttlicher Menschlichkeit erfüllt ihn und erfüllte so alle Dinge um ihn und macht ihm alles untertan. Und also erfüllten sich die Worte der Propheten: Der Löwe soll liegen bei dem Kalbe und der Leopard bei dem Zickelein und der Wolf bei dem Lamm und der Bär bei dem Esel. Und die Eule bei der Taube und ein Kind soll sie führen.

Und niemand soll verletzen oder Töten auf meinem Heiligen Berge, denn die Erde soll erfüllt werden von der Erkenntnis des Heilgen ebenso wie die Wasser bedecken das Bett des Meeres. Und in diesen Tagen will ich nochmals einen Bund schließen mit den Tieren der Erde und den Vögeln der Luft, mit den Fischen des Meeres und mit allen Geschöpfen der Erde. Und ich will den Bogen zerbrechen und das Schwert. Und alle Werkzeuge des Krieges will ich verbannen von der Erde und sie sollen weggelegt werden in Sicherheit, damit alle ohne Furcht leben.

Kapitel 6, 15 - 16

Die Rettung des fliehenden Löwen

Und eines Tages ging Jesus einen Bergpfad entlang am Rande der Wüste; da traf Er auf einen Löwen, den verfolgte eine Menge Menschen mit Steinen und Wurfspießen und wollte ihn töten.

Aber Jesus schalt sie mit den Worten: 'Warum jagt ihr die Geschöpfe Gottes, die edler sind als ihr? Durch die Grausamkeit vieler Generationen wurden sie zu Feinden der Menschen gemacht, die eigentlich ihre Freunde sein sollten.

So wie in ihnen die Macht Gottes sichtbar wird, so zeigt sich auch Seine Geduld und Sein Mitleid. Höret auf, dieses Geschöpf zu verfolgen! Es will euch kein Leid tun. Seht ihr nicht, wie es vor euch flieht und erschreckt ist von eurer Gewalttätigkeit?'

Und der Löwe kam herbei und legte sich vor Jesu Füße und zeigte Ihm seine Liebe. Und das Volk staunte sehr und sagte: 'Sehet, dieser Mensch liebt alle Geschöpfe, und Er hat Macht sogar über die Tiere der Wüste, und sie gehorchen Ihm.'

Kapitel 6, 18 - 21

Die Heilung des tauben Mannes

Als Jesus in ein Dorf kam, begegnete Er einem Manne, der taub war von Geburt an. Und dieser glaubte nicht an das Rauschen des Windes oder den Donner oder an die Schreie der Tiere oder die Stimmen der Vögel, die vor Hunger klagten oder weil sie verwundet waren, oder daran, dass andere dies hörten.

Und Jesus hauchte in seine Ohren, und sie waren geöffnet, und er hörte. Und er genoss mit unendlicher Freude die Laute, die er früher geleugnet hatte. Und er sagte: 'Jetzt höre ich alles!'

Doch Jesus sprach zu ihm: 'Warum sagst du, du hörest alles? Kannst du etwa die Seufzer der Gefangenen oder die Sprache der Vögel oder der Tiere hören, wenn sie miteinander reden, oder die Stimmen der Engel und der Geister? Denke daran, wie viel du nicht hören kannst, und sei demütig in deinem Mangel an Wissen.'

Kapitel 15, 8 - 10

Jesus heilt ein Pferd

Es geschah, dass der Herr aus der Stadt zog und mit Seinen Jüngern über das Gebirge ging. Und da kamen sie an einen Berg mit sehr steilen Wegen. Dort begegneten sie einem Mann mit einem Lasttier.

Das Pferd aber war zusammengebrochen, denn es war überlastet. Der Mann schlug es, bis das Blut floss. Und Jesus trat zu ihm hin und sprach: 'Du Sohn der Grausamkeit, warum schlägst du dein Tier? Siehst du denn nicht, dass es für seine Last viel zu schwach ist, und weißt du nicht, dass es leidet?'

Der Mann aber erwiderte: 'Was hast Du damit zu schaffen? Ich kann mein Tier schlagen, so viel es mir gefällt; denn es gehört mir, und ich kaufte es für eine schöne Summe Geldes. Frage die, die bei Dir sind, sie sind aus meiner Nachbarschaft und wissen es.'

Und einige von den Jüngern antworteten und sagten: 'Ja, Herr, es ist so, wie er sagt, wir waren dabei, als er das Pferd kaufte.' Und der Herr erwiderte: 'Sehet ihr denn nicht, wie es blutet, und höret ihr nicht, wie es stöhnt und jammert?' Sie aber antworteten und sagten: 'Nein, Herr, wir hören nicht, dass es stöhnt und jammert!'

Und der Herr wurde traurig und sprach: 'Wehe euch, der Stumpfheit eures Herzens wegen hört ihr nicht, wie es klagt und schreit zu seinem himmlischen Schöpfer um Erbarmen, und dreimal Wehe über den, gegen den es schreit und stöhnt in seiner Qual!'

Und Er schritt weiter und berührte das Pferd, und das Tier erhob sich, und seine Wunden waren geheilt. Aber zu dem Manne sprach Er: 'Gehe nun deinen Weg und schlage es künftig nicht mehr, wenn auch du Erbarmen zu finden hoffest.'

Und da Er das Volk herankommen sah, sprach Jesus zu Seinen Jüngern: 'Des Kranken wegen Bin Ich krank, des Hungrigen wegen leide Ich Hunger, des Durstigen wegen leide Ich Durst.'

Und Er sagte auch: 'Ich Bin gekommen, die Opfer und die Blutfeste abzuschaffen. Wenn ihr nicht aufhören werdet, Fleisch und Blut der Tiere zu opfern und zu verzehren, so wird der Zorn Gottes nicht aufhören, über euch zu kommen; ebenso, wie er über eure Vorfahren in der Wüste gekommen ist, die dem Fleischgenusse frönten und von Fäulnis erfüllt und von Seuchen aufgezehrt wurden.

Kapitel 21, 1 - 8

Ich glaube, ein Mensch der gegen ein treues Tier ungerecht sein kann, wird seinesgleichen gegenüber nicht gütig sein, und wenn man vor die Wahl gestellt wird, ist es besser, zu empfindsam als zu hart zu sein.

Friedrich der Große

Antonia Katharina Tessnow
Bolonka Zwetna aus dem Alten Jagdhaus

Es ist ein großer Irrtum zu glauben, dass wir Glück und Zufriedenheit allein in der Erfüllung unserer eigenen Wünsche finden.

Sylvia Ratiloff

Antonia Katharina Tessnow
Bolonka Zwetna aus dem Alten Jagdhaus

Die Umkehr des Vogelfängers

Und als Jesus nach Jericho ging, begegnete Ihm ein Mann mit jungen Tauben und einem Käfig voller Vögel, welche er gefangen hatte. Und Er sah ihren Jammer darüber, dass sie ihre Freiheit verloren hatten und außerdem Hunger und Durst litten.

Und Er sprach zu dem Manne: 'Was tust du mit diesen?' Und der Mann antwortete: 'Ich lebe davon, dass ich die Vögel verkaufe, die ich gefangen habe.'

Und Jesus sprach zu ihm: 'Was denkst du, wenn ein Stärkerer oder Klügerer, als du bist, dich gefangen nehmen und dich fesseln würde oder auch dein Weib oder deine Kinder und dich ins Gefängnis werfen würde, um dich zu seinem eigenen Vorteile zu verkaufen und seinen Lebensunterhalt damit zu verdienen?

Sind diese da nicht deine Mitgeschöpfe, bloß schwächer als du? Und sorget nicht derselbe Gott, Vater und Mutter, für sie ebenso wie für dich? Lasse diese, deine kleinen Brüder und Schwestern in Freiheit, und siehe zu, dass du solches nie wieder tust, sondern dass du ehrlich dein Brot verdienst.'

Und der Mann erstaunte über diese Worte und Seine Vollmacht und ließ die Vögel frei. Als die Vögel herauskamen, flogen sie zu Jesus, setzten sich auf Seine Schultern und sangen Ihm.

Und der Mann fragte weiter nach Seiner Lehre, und er ging seines Weges und erlernte das Korbflechten. Durch seine Arbeit erwarb er sich sein Brot und zerbrach seine Käfige und Fallen und wurde ein Jünger Jesu.

Kapitel 41, 1 - 6

Jesus befreit die Tiere

Einen Tag, nachdem Jesus Seine Rede beendet hatte, geschah es an einer Stelle bei Tiberias, wo sieben Quellen sind, dass ein junger Mann Ihm lebende Kaninchen und Tauben brachte, damit Er sie mit Seinen Jüngern verzehre.

Und Jesus blickte den jungen Mann liebevoll an und sprach zu ihm: 'Du hast ein gutes Herz, und Gott wird dich erleuchten; aber weißt du nicht, dass Gott am Anfang dem Menschen die Früchte der Erde zur Nahrung gab und ihn dadurch nicht geringer machte als den Affen oder den Ochsen oder das Pferd oder das Schaf, dass er seine Mitgeschöpfe tötet und ihr Fleisch und Blut verzehrt?

Ihr glaubt, dass Moses zu Recht befahl, solche Geschöpfe zu opfern und zu verzehren, und so tut ihr es im Tempel; aber siehe, ein Größerer als Moses ist hier und kommt, die Blutopfer des Gesetzes und die Gelage abzuschaffen und wieder herzustellen die reine Gabe und das unblutige Opfer, wie es im Anfange war, nämlich Körner und Früchte der Erde.

Lasset daher die Geschöpfe frei, dass sie sich in Gott freuen und die Menschen nicht in Schuld bringen.' Und der Jüngling setzte sie frei, und Jesus zerriss ihre Käfige und ihre Fesseln.

Doch, siehe, sie fürchteten, wieder eingefangen zu werden, und wollten nicht weg von Ihm. Aber Er sprach zu ihnen und hieß sie gehen, und sie gehorchten Seinen Worten und enteilten voll Freude.

Kapitel 28, 1 - 6

Und die Vögel sammelten sich um ihn
und begrüßten ihn mit ihrem Gesang,
und andere Geschöpfe
kamen zu seinen Füßen,
und er fütterte sie,
und sie fraßen ihm aus der Hand.

Kapitel 34, 3

Jesus hilft einem Kamel

Jesus zog nach Jerusalem und begegnete einem Kamel mit einer schweren Last Holz. Das Kamel konnte sie nicht den Berg hinaufschleppen, und der Treiber schlug es und misshandelte es grausam, aber er konnte das Tier nicht von der Stelle bringen.

Und als Jesus es sah, sprach Er zu ihm: 'Warum schlägst du deinen Bruder?' Und der Mann erwiderte: 'Ich wusste nicht, dass es mein Bruder ist. Ist es nicht ein Lasttier und dazu gemacht, mir zu dienen?'

Und Jesus sprach: 'Hat nicht derselbe Gott aus dem gleichen Stoffe dieses Tier geschaffen und deine Kinder, die dir dienen, und habet ihr nicht denselben Atem beide von Gott empfangen?'

Und der Mann staunte sehr über diese Rede. Er hörte auf, das Kamel zu schlagen, und befreite es von einem Teil seiner Last. So schritt das Kamel den Berg hinan, und Jesus ging vor ihm, und es blieb nicht mehr stehen bis an das Ende seiner Tagesreise.

Das Kamel erkannte Jesus; denn es hatte die Liebe Gottes in Ihm gefühlt. Und der Mann wollte mehr von der Lehre wissen, und Jesus lehrte ihn gerne, und er wurde Sein Anhänger.

Kapitel 31, 12 - 16

Die Heilung des blinden Mannes

Und es war ein Mann, welcher von Geburt an blind war. Und er bestritt, dass es so etwas gäbe wie die Sonne, den Mond und die Sterne, oder dass es Farben gäbe. Und sie versuchten vergeblich, ihn zu überzeugen, dass andere Menschen das sähen. Und sie brachten ihn zu Jesus, und Er salbte seine Augen und machte ihn sehend.

Und er freute sich mit Staunen und Furcht und bekundete, dass er zuvor blind war. 'Und jetzt, danach', sagte er, 'sehe ich alles, ich weiß alles, ich unterscheide alle Dinge, ich bin ein Gott.'

Und Jesus sprach zu ihm: 'Wie kannst du alles wissen? Du kannst nicht sehen durch die Wände deines Hauses noch lesen die Gedanken deiner Mitmenschen noch verstehen die Sprache der Vögel oder der wilden Tiere. Du kannst nicht einmal die Ereignisse deines früheren Lebens, deine Empfängnis oder deine Geburt in dein Gedächtnis zurückrufen.

Denke mit Demut daran, wie viel dir unbekannt bleibt, ja unsichtbar. Und wenn du also tuest, dann wirst du klarer sehen.'

Kapitel 41, 10 - 13

Jesus verurteilt Grausamkeit

Als Jesus durch ein Dorf kam, sah er eine Gruppe von Tagedieben. Diese quälten eine Katze, die sie gefunden hatten und mißhandelten sie in schändlicher Weise. Und Jesus befahl ihnen, dies zu unterlassen, und begann, mit ihnen zu schelten; aber die achteten auf seine Worte nicht und beschimpften ihn.

Da machte er eine Peitsche aus geknoteten Schnüren und trieb sie weg und sprach: 'Diese Erde, die mein Vater zu Glück und Fröhlichkeit geschaffen hat, habt ihr zur tiefsten Hölle gemacht durch eure Taten von Gewalt und Grausamkeit.' Und sie flohen vor seinem Angesicht

Doch einer, noch schlimmer als die anderen, kam zurück und bedrohte ihn. Und Jesus streckte seine Hand aus, und des jungen Mannes Arm verdorrte. Und große Furcht kam über alle. Und einer sagte: 'Er ist ein Zauberer.'

Am nächsten Tag kam die Mutter des jungen Mannes zu Jesus und bat ihn, dass er seinen Arm wieder heile. Und Jesus sprach zu ihnen von dem Gesetz der Liebe und der Einheit allen Lebens in der einen Familie Gottes. Und er sprach sodann: 'Wie ihr in diesem Leben euren Mitgeschöpfen tut, so wird es euch ergehen im künftigen Leben.'

Und der junge Mann glaubte und bekannte seine Sünden. Und Jesus streckte seine Hand aus, und der verdorrte Arm wurde so gesund wie der andere. Und das Volk lobte Gott, dass er solche Macht einem Menschen gegeben hatte.

Kapitel 24, 1 - 5

Jesu Verklärung - Das neue Israel

Und Jesus sprach zu ihnen: 'Siehe, ich gebe euch ein neues Gesetz, welches aber nicht neu ist, sondern alt. Ebenso wie Mose die zehn Gebote gab dem Volk Israel dem Fleische nach, so will ich euch die zwölf Gebote geben für das Reich Israel dem Heiligen Geiste nach.

Wer ist dieses Israel Gottes? Alle aus jedem Volke und jedem Stamme, welche Gerechtigkeit üben, Liebe und Barmherzigkeit und meine Gebote befolgen, diese sind das wahre Israel Gottes.' Und sich erhebend sprach Jesus:

'Ihr sollt nicht das Leben nehmen irgendeinem Geschöpfe aus Vergnügen oder zu eurem Vorteil, noch es quälen.

Ihr sollt nicht das Gut eines anderen stehlen, auch nicht für euch selbst Länder und Reichtümer sammeln, mehr, als ihr bedürfet,

Ihr sollt nicht das Fleisch essen noch das Blut eines getöteten Geschöpfes trinken, noch etwas anderes, welches Schaden eurer Gesundheit oder eurem Bewusstsein bringt.

Ihr sollt kein falsches Zeugnis geben gegen euren Nächsten, noch willentlich jemanden täuschen durch eine Lüge, um ihm zu schaden.

Ihr sollt niemandem tun, was ihr nicht wollt, dass man euch tue.

Ihr sollt lieben und beschützen die Schwachen und Unterdrückten und alle Geschöpfe, welche Unrecht erleiden.

Ihr sollt mit euren Händen alles erarbeiten, was gut und geboten ist. So sollt ihr essen die Früchte der Erde, auf dass ihr lange lebt in dem Land.

Ihr sollt euch reinigen alle Tage und am siebenten Tag ausruhen von eurer Arbeit und den Sabbat und die Feste eures Gottes heilig halten.

Ihr sollt den anderen das tun, was ihr wollt, dass man euch tue.'

Auszug aus den Kapiteln 46, 7 - 21

Gesegnet sollen sein,
die sich von allem enthalten,
was durch Blutvergießen und Töten
erlangt wurde,
und die Recht und Gerechtigkeit üben.
Gesegnet seid ihr;
denn ihr werdet Seligkeit erlangen.

Kapitel 20, 8

Jesusworte über die richtige Ernährung

Und einige Seiner Jünger kamen zu Ihm und sprachen zu Ihm über einen Ägypter, einen Sohn des Belial, der lehrte, dass es nicht wider das Gesetz sei, die Tiere zu quälen, wenn ihr Leiden den Menschen Nutzen bringe.

Und Jesus sprach zu ihnen: 'Wahrlich, Ich sage euch, wer Vorteile zieht aus dem Unrecht, das einem Geschöpf Gottes zugefügt wird, der kann nicht rechtschaffen sein. Ebenso wenig können die mit heiligen Dingen umgehen oder die Geheimnisse des Himmels lehren, deren Hände mit Blut befleckt sind oder deren Mund durch Fleisch verunreinigt ist.

Gott gibt die Körner und die Früchte der Erde zur Nahrung; und für den rechtschaffenen Menschen gibt es keine andere rechtmäßige Nahrung für den Körper.

Der Räuber, der in ein Haus einbricht, das von Menschen gebaut ist, ist schuldig; aber selbst die Geringsten von denen, die in ein Haus einbrechen, das von Gott gebaut ist, sind die größeren Sünder. Deshalb sage Ich zu allen, die Meine Jünger werden wollen: haltet eure Hände frei vom Blutvergießen, und lasset kein Fleisch über eure Lippen kommen; denn Gott ist gerecht und gütig und hat befohlen, dass die Menschen leben sollen allein von den Früchten und den Saaten der Erde.

Aber wenn ein Tier sehr leidet, so dass sein Leben ihm eine Qual ist, oder wenn es gefährlich wird für euch, so erlöset es von seinem Leben rasch und mit so wenig Schmerz, als ihr könnt. Schicket es hinüber in Liebe und Barmherzigkeit und quält es nicht, und Gott, euer Vater, wird euch Barmherzigkeit zeigen, ebenso wie ihr Barmherzigkeit gezeigt habt denen, die in eure Hände gegeben sind.

Und was ihr immer tuet dem Geringsten Meiner Kinder, das tuet ihr Mir. Denn Ich Bin in ihnen, und sie sind in Mir. Ja, Ich bin in allen Geschöpfen, und alle Geschöpfe sind in Mir. An allen ihren Freuden erfreue auch Ich Mich, und an allen ihren Schmerzen leide auch Ich. Darum sage Ich euch: Seid gütig miteinander und mit allen Geschöpfen Gottes.'

Kapitel 38, 1 - 6

Die Wahrheit bewahrt die Seele

Und einige der Ältesten und Schriftgelehrten des Tempels kamen zu Ihm und sagten: 'Warum lehren Deine Jünger die Menschen, dass es wider das Gesetz ist, das Fleisch von Tieren zu essen, da sie doch - nach dem Befehl des Moses - als Opfer dargebracht werden?

Denn es ist geschrieben: Gott sprach zu Noah: Furcht und Schrecken vor euch soll auf jedes Tier des Feldes kommen und auf jeden Vogel der Luft und jeden Fisch im Wasser, wenn sie in eure Hände gefallen sind.'

Und Jesus sprach zu ihnen: 'Ihr Heuchler, wohl sprach Jesaja von euch und euren Vorvätern: Dieses Volk ist Mir nahe mit seinem Munde und ehret Mich mit seinen Lippen, aber ihr Herz ist ferne von Mir, denn sie beten Mich vergeblich an und lehren in Meinem Namen als göttliche Lehren, was Gebote der Menschen sind, um ihre eigenen Gelüste zu befriedigen.

Und ebenso gibt Jeremia Zeugnis, wenn er über die Blutopfer sagt: Ich, euer Gott, befahl nichts davon in den Tagen, als ihr aus Ägypten gekommen seid, sondern Ich befahl euch nur Rechtschaffenheit, Festhalten an den alten Gebräuchen, Gerechtigkeit zu pflegen und demütig vor eurem Gott zu wandeln.

Ihr aber habt nicht auf Mich gehört, der euch von Anfang an alle Arten von Samen gab und Früchte der Bäume und Kerne für die Nahrung und zur Heilung von Mensch und Tier.' Und sie entgegneten: 'Du sprichst wider das Gesetz.'

Und Er sprach abermals über Moses: 'Wahrlich, Ich spreche nicht wider das Gesetz, sondern gegen die, welche sein Gesetz verdarben, das er wegen der Härte eurer Herzen erlaubte.

Doch siehe! Ein Größerer denn Moses ist da!' Und sie gerieten in Zorn und hoben Steine auf, um sie auf Ihn zu werfen. Aber Jesus ging mitten durch sie hindurch und war vor ihrer Gewalt verborgen.

Kapitel 51, 12 - 18

Die Reinigung des Tempels

Und Er sprach zu ihnen: 'Schafft all das hinaus und macht nicht Meines Vaters Haus zu einem Kaufhaus. Steht es nicht geschrieben: Mein Haus soll ein Bethaus heißen für alle Völker? Ihr aber habt eine Diebeshöhle daraus gemacht und es mit allen möglichen Gräueln erfüllt.'

Und Er duldete nicht, dass einer eine Schüssel voll Blutes durch den Tempel trug oder dass Tiere getötet würden. Und seine Jünger dachten daran, dass geschrieben steht: 'Der Eifer um Dein Haus hat mich gefressen.'

Kapitel 71, 3 - 4

Durch das opfern anderer
gibt es keine Vergebung der Sünden

Jesus lehrte Seine Jünger im äußeren Hofe des Tempels, und einer von ihnen sagte zu Ihm: 'Meister, es wird gesagt von den Priestern, ohne Vergießen von Blut gäbe es keine Vergebung von Sünden. Können denn die gesetzlichen Blutopfer die Sünden hinweg nehmen?'

Und Jesus antwortete: 'Kein Blutopfer von Tier oder Vogel oder Mensch kann Sünden hinweg nehmen. Denn wie kann eine Schuld durch das Vergießen von unschuldigem Blut getilgt werden? Nein, es wird die Schuld noch vergrößern.

Die Priester empfangen sehr wohl solche Opfer zur Versöhnung von den Gläubigen für die Vergehen gegen das Gesetz des Moses, aber für die Sünden gegen das Gesetz Gottes gibt es keine Vergebung, es sei denn durch Reue und Besserung.'

Kapitel 33, 1 - 3

Und er sprach zu ihnen: 'Liebet euch untereinander und alle Geschöpfe Gottes! Doch ich sage euch, es sind nicht alle Menschen, die die Gestalt von Menschen haben. Sind die Männer und Frauen nach dem Ebenbilde Gottes, die Gewalttätigkeit üben, Unterdrückung und Unrecht, und eher eine Lüge als die Wahrheit sprechen?

Nein, wahrhaftig, bevor sie nicht wiedergeboren werden und den Geist der Liebe und der Weisheit aufnehmen in ihre Herzen. Denn nur dann sind sie Söhne und Töchter Israels, und wenn sie von Israel sind, dann sind sie als solche Kinder Gottes. Und darum bin ich in die Welt gekommen, und darum habe ich gelitten in den Händen der Sünder.'

Kapitel 88, 1 - 3

Die Lehre über die Aufgabe der Tiere

Als Jesus mit einigen Jüngern dahinging, begegnete Er einem Manne, der Hunde zur Jagd auf andere Tiere abrichtete; und Er sprach zu dem Manne: 'Warum tust du das?' Und der Mann entgegnete: 'Weil ich davon lebe. Was für einen Nutzen haben diese Tiere denn? Diese Tiere sind schwach, die Hunde aber sind stark.' Und Jesus sprach zu ihm: 'Dir fehlt es an Weisheit und Liebe. Siehe, jedes Geschöpf, welches Gott erschaffen hat, hat seinen Sinn und Zweck. Und wer kann sagen, was Gutes in ihm ist und zu welchem Nutzen für dich oder die Menschheit?

Und für dein Auskommen: Siehe die Felder, wie sie wachsen und fruchtbar sind, und die fruchttragenden Bäume und die Kräuter! Was willst du noch mehr als das, was dir die ehrliche Arbeit deiner Hände gibt? Wehe den Starken, die ihre Stärke missbrauchen! Wehe dem Schlauen, der die Geschöpfe Gottes verwundet! Wehe den Jägern! Denn sie sollen selbst gejagt werden.'

Und der Mann war sehr erstaunt und ließ davon ab, die Hunde zur Jagd abzurichten, und lehrte sie, Leben zu retten und nicht, es zu verderben. Und er nahm die Lehre Jesu an und wurde Sein Anhänger.

Und der Mann war sehr erstaunt und ließ davon ab, die Hunde zur Jagd abzurichten, und lehrte sie, Leben zu retten und nicht, es zu verderben. Und er nahm die Lehre Jesu an und wurde sein Anhänger.

Kapitel 14, 6 - 8

Tiere, unsere Geschwister

Jesus kam in ein Dorf und sah dort eine kleine Katze, die herrenlos war und sie litt Hunger und schrie zu ihm. Er nahm sie hoch, hüllte sie in sein Gewandt und ließ sie an seiner Brust ruhen.

Und als er durch das Dorf ging, gab er der Katze zu essen und zu trinken. Und sie aß und trank und zeigt ihm ihren Dank. Und er gab sie einer seiner Jüngerinnen, einer Witwe mit Namen Lorenza, und sie sorgte für sie.

Und einige aus dem Volke sagten: 'Dieser Mann sorgt für alle Tiere. Sind sie seine Brüder und Schwestern, dass er sie so liebt?'

Und er sprach zu ihnen: 'Wahrlich, diese sind eure Mitbrüder aus der großen Familie Gottes. Eure Brüder und Schwestern, welche den selben Atem des Lebens von dem Ewigen haben. Und wer immer für einen der Kleinsten von ihnen sorgt und ihm Speise und Trank gibt in seiner Not, der tut dieses mir. Und wer es willentlich duldet, dass eines von ihnen Mangel leidet und es nicht schützt, wenn es misshandelt wird, lässt dieses Übel zu, als sei es mir zugefügt. Denn ebenso wie ihr in diesem Leben getan habt, so wird euch im kommenden Leben getan werden.'

Kapitel 34, 7 - 10

*

*

Was ist Wahrheit?

Und wiederum waren die Zwölf versammelt im Kreis der Palmen, und einer von ihnen, nämlich Thomas, sprach zu den anderen: 'Was ist die Wahrheit? Denn dieselben Dinge erscheinen den verschiedenen Menschen und sogar dem gleichen Menschen zu verschiedenen Zeiten verschieden. Was also ist die Wahrheit?

Und wie sie so redeten, erschien Jesus in ihrer Mitte und sprach: 'Die Wahrheit, die eine und die absolute, ist in Gott allein; denn niemand, nicht ein einziger Mensch, weiß, was Gott allein weiß, der ist in allem. Den Menschen kann die Wahrheit enthüllt werden entsprechend ihrer Fähigkeit, zu verstehen und zu erfassen.

Die eine Wahrheit hat viele Seiten, und der eine sieht nur eine Seite, ein anderer eine andere, und manche sehen mehr als andere, so wie es ihnen gegeben ist.

Sehet diesen Kristall: So wie das eine Licht offenbar ist in zwölf Flächen, ja in vier mal zwölf, und jede Fläche einen Strahl von dem Lichte zurückwirft, und der eine die eine Fläche und ein anderer eine andere anschaut, so ist es doch der eine Kristall und das eine Licht, das in allen scheint.

Und seht, wenn einer auf einen Berg steigt und er eine gewisse Höhe erreicht hat, dann sagt er: Dort ist der Gipfel des Berges, lasst ihn uns erreichen; und wenn er diese Höhe erreicht hat, sehet, so ist eine andere darüber hinaus, bis er zu der Höhe kommt, von der aus keine andere mehr zu sehen ist, sofern er sie erreichen kann.

So ist es auch mit der Wahrheit. Ich bin die Wahrheit, der Weg und das Leben, und ich habe euch die Wahrheit gegeben, die ich von oben empfangen habe. Und was gesehen und empfangen wird von dem einen, wird nicht gesehen und empfangen werden von einem anderen. Was wahr erscheint den einen, erscheint nicht wahr den anderen. Die im Tale unten sind, sehen nicht das, was die sehen, die auf dem Berggipfel stehen.

Doch für alle ist das die Wahrheit, wie sie der einzelne Verstand sieht, und so lange, bis eine höhere Wahrheit zu dieser geoffenbart wird; der Seele, die mehr Licht empfangen kann, wird mehr Licht gegeben werden. Darum verdammet nicht die anderen, auf dass ihr nicht verdammt werdet.

Wenn ihr das heilige Gesetz der Liebe halten werdet, das ich euch gegeben habe, so soll euch die Wahrheit mehr und mehr enthüllt werden, und der Geist der Wahrheit, der von oben kommt, wird euch führen in die ganze Wahrheit, und sei es auch auf vielen Irrwegen, so wie die feurige Wolke die Kinder Israels durch die Wüste geleitete.

Vertraut dem Lichte, das ihr habt, bis euch ein höheres Licht geben wird. Suchet mehr Licht, und ihr werdet Überfluss haben. Rastet nicht, bis ihr findet.

Gott gibt euch alle Wahrheit zur Befreiung und Vervollkommnung der Seele, gleich einer Leiter mit vielen Sprossen. Die Wahrheit von heute werdet ihr verlassen für eine höhere Wahrheit von morgen. Bemüht euch um Vollkommenheit.

Die das heilige Gesetz halten, das ich gegeben habe, werden ihre Seelen retten, wie verschieden sie auch die Wahrheit sehen mögen, die ich ihnen gegeben habe.

Viele werden zu mir sagen: Herr, Herr, wir waren eifrig in Deiner Wahrheit. Ich aber werde zu ihnen sprechen: Nein, ihr wart eifrig, nur damit andere sie so sehen, wie ihr sie seht, und sonst keine andere Wahrheit. Glaube ohne Nächstenliebe ist tot. Liebe ist die Erfüllung des Gesetzes.

Wie soll der Glaube, den sie angenommen

haben, ihnen nützen, wenn sie ihn nicht in Gerechtigkeit ausüben? Die, welche Liebe haben, haben alles, und ohne Liebe gibt es nichts, das Wert hat. Lasset jeden halten, was er als die Wahrheit erkennt, in der Liebe und in dem Wissen, dass dort, wo keine Liebe ist, die Wahrheit ein toter Buchstabe ist und nichts nützt.

Es bleiben Güte, Wahrheit und Schönheit; doch die Größte von diesen ist die Güte. Wenn etliche ihre Brüder gehasst und ihre Herzen verhärtet haben gegen die Geschöpfe von Gottes Hand, wie können diese die Wahrheit sehen zu ihrem Heile, wenn ihre Augen blind und ihre Herzen verhärtet sind für Gottes Schöpfung?

So wie ich die Wahrheit empfangen habe, so habe ich sie euch gegeben. Lasset jeden sie empfangen nach seiner Erleuchtung und seiner Fähigkeit, sie zu verstehen, und verfolget die nicht, die sie nach einer anderen Auslegung empfangen haben.

Denn die Wahrheit ist die Macht Gottes, und die wird am Ende herrschen über alle Irrtümer. Doch das heilige Gesetz, das ich gegeben habe, ist verständlich für alle und gerecht und gut. Lasset es alle befolgen zur Erlösung ihrer Seelen!'

Kapitel 90, 1 - 16

*

*

Wann endet die Nacht?

Ein weiser Rabbi stellte seinen Schülern einmal die folgende Frage: 'Wie bestimmt man die Stunde, in der die Nacht endet und der Tag beginnt?'

Einer der Schüler antwortete: 'Vielleicht ist es der Moment, indem man einen Hund von einem Schaf unterscheiden kann?'

Der Rabbi schüttelte den Kopf.

'Oder vielleicht dann, wenn man von Weitem einen Dattel- von einem Feigenbaum unterscheiden kann?'

Der Rabbi schüttelte wieder den Kopf.

'Aber wann ist es denn dann?'

Der Rabbi antwortete: 'Es ist dann, wenn ihr in das Gesicht eines beliebigen Menschen schaut und dort eure Schwester oder euren Bruder erkennt. Bis dahin ist die Nacht noch bei uns.'

aus: Cassidische Geschichten

Himmel und Hölle

Ein Mann wanderte mit seinem Pferd und seinem Hund eine Straße entlang. Als sie an einem riesigen Baum vorbeikamen, wurden sie von einem Blitz getroffen und starben.

Der Mann jedoch begriff nicht, dass er diese Welt verlassen hatte, und ging mit seinen beiden Tieren immer weiter. Manchmal brauchen die Toten eine ganze Weile, bis sie sich ihrer neuen Lage bewusst werden …

Der Weg war sehr weit und führte bergauf. Die Sonne brannte, und sie schwitzten und hatten großen Durst. Sie brauchten unbedingt Wasser. An einer Biegung des Weges sahen sie ein wunderschönes Tor ganz aus Marmor, durch das man auf einen mit goldenen Steinen gepflasterten Platz gelangte. In dessen Mitte befand sich ein Brunnen, aus dem kristallklares Wasser floss.

Der Wanderer wandte sich an den Mann, der das Tor bewachte.

'Guten Tag.'

'Guten Tag', antwortete der Mann.

'Was für ein schöner Ort ist das hier?'

'Das ist der Himmel.'

'Wie gut, dass wir im Himmel angelangt sind, wir haben großen Durst.'

'Ihr könnt hereinkommen und so viel trinken, wie ihr mögt.'

Und der Wächter wies auf den Brunnen.

'Mein Pferd und mein Hund haben auch Durst.'

'Tut mir leid, aber Tiere dürfen hier nicht hinein.'

Der Mann war sehr enttäuscht, denn er hatte wirklich großen Durst, aber allein würde er nicht trinken. Er bedankte sich und ging weiter. Nachdem sie lange gegangen und schon ganz erschöpft waren, kamen sie an einen Ort und dort vor eine alte Tür, die auf eine Allee aus gestampfter Erde führte.

Unter einem Baum lag ein Mann, den Hut tief ins Gesicht gezogen, und schien zu schlafen.

'Guten Tag', sagte der Wanderer.

Der Mann nickte ihm zu.

'Wir haben großen Durst, mein Pferd, mein Hund und ich.'

'Dort zwischen den Steinen gibt es eine Quelle', sagte der Mann und zeigte dorthin. 'Ihr könnt so viel trinken, wie ihr wollt.'

Der Mann, das Pferd und der Hund gingen zur Quelle, und alle löschten ihren Durst.

Dann kehrten sie zu dem Mann zurück, um sich zu bedanken.

'Wie heißt dieser Ort denn eigentlich?'

'Himmel.'

'Himmel? Aber der Wächter am Marmortor sagte, dass dort der Himmel sei.'

'Das ist nicht der Himmel, das ist die Hölle.'

Der Wanderer war verwirrt.

'Gegen solche irreführenden Auskünfte sollte etwas unternommen werden! Sie könnten ein großes Durcheinander anrichten.'

Der Mann lächelte:

'Überhaupt nicht. Die tun uns sogar einen großen Gefallen. Denn dort landen alle, die es fertigbringen, ihre besten Freunde im Stich zu lassen.'

by Paulo Coelho

'Ich will den Himmel nicht betreten,
wenn dieser Hund nicht mit mir kommt',
sagte König Yudhistiras.
Indra, der Gott, sprach:
'Heute noch wirst du Unsterblichkeit,
Erlösung
und unvergängliche Glückseligkeit
gewinnen.
Du begehst keine Sünde,
wenn du diesen unreinen Hund zurück lässt.'
'Nein', beharrte Yudhistiras,
'nicht für alle Schätze des Himmels
will ich diesen Hund im Stiche lassen,
der meinen Schutz gesucht hat
und mir treu ergeben war.'

Mahabarata

*Indisches Nationalepos aus dem Hindu-Sanskrit,
deren wichtigstes Lehrgedicht die Bhagavadgita ist.*
Entstand um 400 v.Ch. bis 400 n.Ch.
Als Verfasser gilt Vjasa.

'An Indian legend says,
When a human dies,
there is a bridge
they must cross
to enter into heaven.
At the head of the bridge
waits every animal
that human encountered
during their lifetime.
The animal,
based on what they know
of this person,
decide which humans
may cross the bridge ...
and which are turned away.'

That would be Karma at it's finest.

Antonia Katharina Tessnow
Bolonka Zwetna aus dem Alten Jagdhaus

www.antonia-katharina.de

www.bolonka-zucht.de

www.light-in-time.com

Youtube Kanal:

*Antonia Katharina
aus dem Alten Jagdhaus*

Weitere Bücher von Antonia Katharina Tessnow

Die biblischen Bücher als Einzelausgabe im Großdruck

inklusive Übersetzungsalternativen aus unterschiedlichen Quellen

Warum Einzelausgaben der biblischen Bücher? Der Grund ist so einfach wie praktisch: Die Bibel hat auf Grund ihres vollen Umfangs, selbst bei großformatigen Ausgaben, zumeist eine sehr kleine Schrift und ist demnach entsprechend schwer zu lesen. Möchte man zudem die Bibel gerne mitnehmen, um unterwegs zu lesen, entscheidet man sich schnell dagegen, solch ein schweres Buch den ganzen Tag mit sich umherzutragen.

Einzelne Bücher der Bibel erlauben dagegen eine für die Augen angenehme Schriftgröße und erleichtern somit das Lesen erheblich. An Stelle eines umfangreichen, schweren Buches ist es nun möglich, einen Text Ihrer Wahl in leicht tragbarer Ausführung mitzunehmen. So kann die Bibel einfach unterwegs gelesen werden. Mit anderen Worten: Luther hat die Bibel zugänglich gemacht, diese Version macht sie mühelos lesbar. Zudem eignen sich die einzelnen Bücher hervorragend als Einstieg in die Bibel sowie als Geschenk; nicht nur für Menschen, welche die biblische Heilsbotschaft bereits erreicht hat, sondern auch für alle, die sich noch nicht an die Heilige Schrift heranwagten oder sich von dem Gesamtumfang der Bibel möglicherweise überfordert fühlen.

Die Botschaft der Bibel kann eine große Hilfe und Stütze sein, Zuversicht schenken, Hoffnung machen und uns trösten, gerade in einer Zeit, in der wir des Trosts so sehr bedürfen.

Wer den Weg nach Hause sucht, der soll wissen, dass er offen steht. Dieser Weg wird in der Heiligen Schrift gewiesen. Mit der Entscheidung, sich für die Botschaft der Bibel zu öffnen und diesen Weg zu gehen, haben unzählige Menschen seit Jahrhunderten ihr Heil gefunden. Und das bis zum heutigen Tag.

Übersetzung nach Martin Luther, 1545

Schriftsatz, Layout, Formatierung:
Antonia Katharina Tessnow

www.antonia-katharina.de

Heilbehandlungen für Dich und Dein geliebtes Tier

*Erinnere Dich
an Deine verborgenen Fähigkeiten*

Heilende Fähigkeiten wohnen in uns allen. Nicht nur in wenigen Auserwählten, sondern auch in Dir. Dieses Buch ist eine Erinnerung an all das, was Du kannst. Es beschreibt unterschiedliche Möglichkeiten, wie Du Deine heilenden Fähigkeiten nutzen und in Form von Heilbehandlungen einsetzen kannst - zum höchsten Wohle von Dir, Deinem geliebten Tier und Deinem geliebten Nächsten.

Antonia Katharina Tessnow studierte ganzheitliche Naturheilmedizin für Mensch und Tier, erlangte ihre internationale Heilerlaubnis an der int. Universität in Colombo und ist Doctor of Acupuncture und Homeopathy des Medicina Alternativa Institutes der Devi Clinic und Faculty of Integrated Medicine. Sie absolvierte eine mehrjährige Ausbildung am Institut für Emotionale Prozessarbeit, deren wesentliche Inhalte aus psycho-energetischen Prozessen, direktem Channeling und der Arbeit mit Informationsstrukturen im morphogenetischen Feld bestand. Während ihres 3-jährigen Indienaufenthaltes spezialisierte sie sich auf das Auslesen karmischer Lebensaufgaben und leitete Rückführungen in frühere Leben.

Bolonka Zwetna

*Von der Empfindsamkeit der Hundeseele
und der Liebe, die sie schenkt*

Dieser kleine Ratgeber soll nicht nur zum allgemeinen Verständnis der Beziehungen von Hunden zu uns Menschen beitragen, sondern vor allem den Menschen in seiner Seele berühren. Neben kurzen Überblicken über Rassestandard, Ernährung, Fellpflege und Haltung führt die Autorin den Leser in die facettenreiche Welt der Hundeseele, die voll tiefer Empfindsamkeit ist und niemanden unberührt lässt, der die Fähigkeit besitzt, zu fühlen.

Antonia Katharinas Liebe gilt seit jeher den Tieren. Viele Jahre war sie hauptberuflich in der Reiterei tätig bevor sie Heilpraktik, ganzheitliche Psychologie und Tierheilpraktik studierte. Seitdem widmet sie ihr Leben den Kleinhunderassen im Allgemeinen und dem Bolonka Zwetna im Speziellen. Neben ihrer schriftstellerischen, musischen und tierheilpraktischen Arbeit hat sie sich auf die Auftragsmalerei von Tierfotos spezialisiert und betreut ihre kleine Rassehundezucht der 'Zarenhunde aus dem Alten Jagdhaus'.

Die Hundezucht 'aus dem Alten Jagdhaus'
präsentiert sich unter

www.bolonka-zucht.de

Kommunikation mit Tieren

ein Essay

Tierkommunikation ist keine Kunst, die nur wenigen Auserwählten vorbehalten ist, sondern eine Fähigkeit, die in jedem von uns schlummert und uns allen innewohnt. Es ist nichts, was man lernen muss, sondern es ist etwas, woran man sich erinnern kann, wenn man dafür bereit ist. Dieses kleine Büchlein beschreibt in kurzen, aufeinander aufbauenden Abschnitten die Kommunikation mit Tieren. Es soll dabei helfen, sich an seine ursprünglichen Fähigkeiten zu erinnern und sie wieder nutzbar zu machen; es soll ein Wegweiser sein und zeigen, dass jede Begegnung eine Aufgabe für uns bereit hält, für die es immer eine Lösung gibt und an der wir wachsen können. Alles hat einen Sinn und es lohnt sich, darauf zu vertrauen. Selbst wenn wir ihn manchmal nicht gleich verstehen.

Textauszug: 'Jede Kommunikation ist individuell. Jede Verbindung, jedes Karma einmalig. Manchmal sind die Tiere überhaupt erst dafür da, um dem Menschen die gefühlte, intuitive Wahrnehmung und Kommunikation zu erschließen. Es ist ein Gewinn für alle, wenn der Mensch beginnt, eine Verbindung zu seinem Tier und damit zu sich selbst herzustellen, sich seinen Themen und deren Botschaften zu öffnen und von ihnen zu lernen. Wenn du dazu bereit bist, das Tier in seiner Ganzheit zu erkennen und als gleich-wertig zu schätzen, wenn du dich auf dein Ganz-Sein einlässt und dem Tier genauso erlaubst, es selbst zu sein, wie es das Tier dir erlaubt, dann entsteht wahre Verbundenheit. Wenn du über die weit verbreiteten Trainingsmethoden der Dominanz und der autoritären Kontrolle hinauswächst und dich dem tieferen Sinn einer Begegnung zuwendest, wenn du versuchst zu erkennen, was dein Gegenüber dir beibringen will, dann beginnt die Kommunikation mit deinem Tier.

Der Hund -
Das unbekannte Wesen

Was Sie tun können,
damit Ihr Hunde Sie liebt

Ein Leitfaden zur Eingewöhnung
des Hundes in ein neues Heim

Nach langjähriger Erfahrung als Hundezüchterin, Hundefriseurin, Youtuberin und Autorin sind mir viele Menschen und noch mehr Fragen begegnet, aus denen dieser Ratgeber entstand.

Nach bestem Wissen und Gewissen habe ich viele Antworten auf die mir begegneten Fragen sowie meine Erfahrungen und Erkenntnisse aufgeschrieben - *für Menschen wie Sie.* Für Menschen, die sich wagen, das große Abenteuer einzugehen, einer Hundeseele ihr Herz zu öffnen.

So hoffe ich inständig, dass ich Ihnen mit diesem Büchlein helfen kann, das Richtige zu tun, eine gute Fühlung zu Ihrem neuen Begleiter aufzunehmen und einen Beitrag zu mehr Verständnis zwischen der Menschen- und der Tierwelt leisten zu können. Meine tiefste Sehnsucht ist eine friedliche und tier-liebende Welt, in der wir Menschen unserer Verantwortung den Tieren und der Natur gegenüber gerecht werden, die uns in diesem einen, wohl wichtigsten Leitsatz überliefert ist:

'Seid niemandem etwas schuldig, außer, dass ihr euch untereinander liebet. Denn wer den anderen liebt, der hat das Gesetz erfüllt.'

aus dem Römerbriefen 8, 13

CD s von Antonia Katharina Tessnow ausschließlich
erhältlich über *amazon.com*
Bücher sind in jedem Buchhandel erhältlich

CD s von Antonia Katharina Tessnow ausschließlich erhältlich über *amazon.com*
Bücher sind in jedem Buchhandel erhältlich

Celtic Spirit

Eine Reise in die Tiefen zeitloser keltischer Weisheit

In den Kulturen aller Zeiten findet man Spuren von der ursprünglichen Verbundenheit zwischen Mensch, Welt und Universum. Nicht nur bei den Kelten, sondern überall schien der Geist des Einklanges in der einen oder anderen Weise wirksam zu sein. Das *Einssein mit Allem*, woraus auch der Keltische Spirit hervorging, schien in uriger Zeit auf der ganzen Welt präsent und Grundlage jeder Form der Wahrnehmung.

Möge 'The Celtic Spirit' eine Idee davon geben, wie man über das Erfühlen der Bäume eine Verbindung zum Leben herstellt, wie sich die einzelnen Bäume anfühlen, warum sie bestimmten Zeitabschnitten im Jahr zugeordnet wurden und was sie mit diesen unterschiedlichen Zeitqualitäten gemein haben.

Und möge dieses Büchlein Inspiration für all diejenigen sein, die sich nicht nur ein ganzheitlicheres Verständnis mit der Natur wünschen, sondern sich auch nach einer tieferen Verbundenheit mit dem Leben sehnen.

Madras

Zauber der Palmblätter

Die Palmblattbibliotheken: Tausende Jahre alt und bis heute ein ungelöstes Rätsel. Das Geheimnis dieses Ortes ist das Thema dieses Buches. Die Geschichte dreht sich um eines der größten Rätsel der Menschheit.
Eine Reise führte mich dort hin. Ich habe meine kleine Heimatstadt verlassen um der Sagenumwobenen Legende auf den Grund zu gehen, die besagt, dass dort alle Lebensgeschichten aller Menschen niedergeschrieben sind; allerdings nur von denjenigen, die sich aufmachen, um danach zu suchen.
Eben das habe ich getan.
Und dies ist es, was ich gefunden habe.

**Dieses Buch
liegt in deutscher und englischer Fassung vor.**

Menschen, die dieses Buch gelesen haben:

"Ein interessantes Buch. Wer will, findet die Antwort auf die Frage: Wie viele Leben hat ein Mensch?"
Günther Prinz, Publizist, ehemaliger Chefredakteur der 'Bild', Deutschland

"Da steht also mein ganzes Leben auf einem Palmenblatt in Madras. Dieses Buch hat mein Verständnis von Raum und Zeit grundlegend verändert."
Fritz Bloomberg, Ex-Vizepräsident Burda Media, New York

"Ein außergewöhnliches Lesevergnügen, das meine Sicht auf die Welt verändert hat."
Gregor Tessnow, Schriftsteller und Drehbuchautor

Sternenstaub am Horizont

oder

Breakable - Zerbrechlich

der Fall

zwischen Selbstwert und Vernichtung

'Es gibt Geschichten im Leben, die hätte man lieber nicht erlebt.' Diese Aussage trifft auf viele Ereignisse zu. Doch meist ist diese Aussage nur auf den ersten Blick wahr; schaut man tiefer und geht der Frage nach: *Was hat mir dieses Ereignis zu sagen?*, oder: *Was hat mich dieses Ereignis zu lehren?*, wird oft der tiefere Sinn einer Erfahrung offenbar.

Nicht nur die Geschichte, die in dem Roman **Breakable - Zerbrechlich** verarbeitet ist, war eine dieser Erfahrungen, sondern auch all das, was um den Roman herum geschah. Vordergründig ein Thriller, hintergründig eine wertvolle Lektion über Selbstwert und Zerstörung.

Was geschieht, wenn der Selbstwert fehlt? Welche Auswirkungen hat das Fehlen von rechtzeitig gesetzten Grenzen? Und wohin kann einen der Weg führen, wenn man entscheidende Lebensthemen hat lösen können?

Durch den Roman veranschaulicht die Autorin nicht nur diese Problematiken, sondern bietet im zweiten Teil eine psychoanalytische Draufsicht, Aussichten für Betroffene sowie Lösungsansätze. Ein unumgängliches Buch für jeden, der schon einmal an seinem Selbstwert zweifelte und hofft, einen soliden Weg zur eigenen, inneren Wertschätzung zu finden.

Weiß Du,
was Du mit Dir trägst?

*Eine Entscheidungshilfe
für Tattoo und Motiv*

Was für Wirkungen auf Dich und welche Auswirkungen auf Dein Leben kann eine Tätowierung haben? Wie weitreichend können Veränderungen, wie tief Seelenschmerzen sein, die eine unbedachte Tätowierung möglicherweise mit sich bringt? Wie wichtig sind die Auswahl des Motivs und des Tätowierers?

Antonia Katharina Tessnow ging durch die dunkle Erfahrung einer vorschnellen Entscheidung und obendrein eines schlecht gestochenen Tattoos. Fast zwei Jahre ihres Lebens kostete sie die Wiederherstellung ihres Armes, für den sie sich täglich schämte. Ihre Leidensgeschichte beschrieb sie in dem ersten Teil des Buches 'Tattoo - Laser - Cover Up - Wenn der Traum zum Albtraum wird'. Für alle, die hoffentlich nicht vor dem Lasern und Covern stehen, sondern vor der einmaligen Entscheidung zu einer neuen Tätowierung, veröffentlicht sie nun den erweiterten und überarbeiteten zweiten Teil und bietet damit allen Tattoo-Freudigen einen Ratgeber und eine Entscheidungshilfe.

‚Frage Dich, was Du mit Dir tragen willst, bevor Du Dir mit einer falschen Entscheidung eine Bürde auflastest, die Du zu tragen nicht vermagst.'

CD s von Antonia Katharina Tessnow ausschließlich erhältlich über *amazon.com*
Bücher sind in jedem Buchhandel erhältlich

HAIR

Alles über alternative Haarpflege

HAIR - Alles über alternative Haarpflege, ist ein heilpraktisches Sachbuch. Es gibt in den einleitenden Kapiteln einen Überblick über die Inhaltsstoffe in herkömmlichen Shampoos und Duschgels und wie schädlich synthetisch hergestellte Chemikalien in der täglichen Anwendung auf Haut und Haaren sind. Des weiteren wird auf die Langzeitschäden eingegangen, die sich durch den dauerhaften und wiederholten Kontakt mit diesen Chemikalien ergeben können.

Der Hauptteil des Buches zeigt Alternativen zu herkömmlichen Produkten auf, die leicht umzusetzen und anzuwenden sind. Es wird auf komplizierte Anwendungstechniken verzichtet und ganz gezielt die Einfachheit der Methoden betont und in den jeweiligen Anwendungsbeschreibungen dargelegt. Alle alternativen Methoden zur Haut- und Haarreinigung sind von mir persönlich im Selbstversuch getestet, für jeden Interessierten leicht nachvollziehbar und die entsprechenden reinigenden Substanzen leicht erhältlich.
Im letzten Teil des Buches wird auf die Lebensweise, die Ernährung, Öle, Haarbürsten und Tipps und Tricks eingegangen, die langfristig und nachhaltig für gesunde und volle Haare sowie für gesunde, vitale und frische Haut sorgen.

Ziel dieses Buches ist es, das Bewusstsein für den Umgang mit unserem Körper, unserer Umwelt und damit unserer Gesundheit zu schärfen.

Stille Nacht, Heilige Nacht

Erinnerungen an einen Heiligen Abend
in den letzten Tagen des zweiten Weltkriegs

eine Kurzgeschichte

Diese Geschichte
liegt in deutscher und Englischer Fassung vor.

Über das Buch:

1943. Es ist Weihnachten. Schon damals schrieben Kinder Tagebücher, um die unfassbaren Erlebnisse, die in Worten kaum wiederzugeben sind, festzuhalten. Die ältere Schwester von Antonia Katharinas Mutter ist neun Jahre alt, als sie durch ihre kindlichen Augen die Ereignisse einer Nacht beschreibt, die tiefe Eindrücke hinterlassen und niemanden unberührt lassen. Eine wunderbare Erinnerung daran, in was für friedlichen Zeiten wir heute leben dürfen.

Über die Autorin:

Antonia Katharina Tessnow ist die Tochter einer ehemals ostpreußischen Familie, die nach dem ersten Weltkrieg nach Deutschland kam. Ihre Großeltern ließen sich in Berlin nieder, mussten jedoch aus der Stadt fliehen, nachdem ihr Wohnhaus im letzten Jahr des zweiten Weltkrieges zerbombt und komplett zerstört wurde. Viele Jahre später kehrten sie nach Berlin zurück. Obwohl Antonia Katharina dort geboren ist, fühlte sie sich in dieser Stadt jedoch nie heimisch. Heute lebt sie auf dem Lande am Rande der Mecklenburgischen Schweiz.

CD s von Antonia Katharina Tessnow ausschließlich
erhältlich über *amazon.com*
Bücher sind in jedem Buchhandel erhältlich

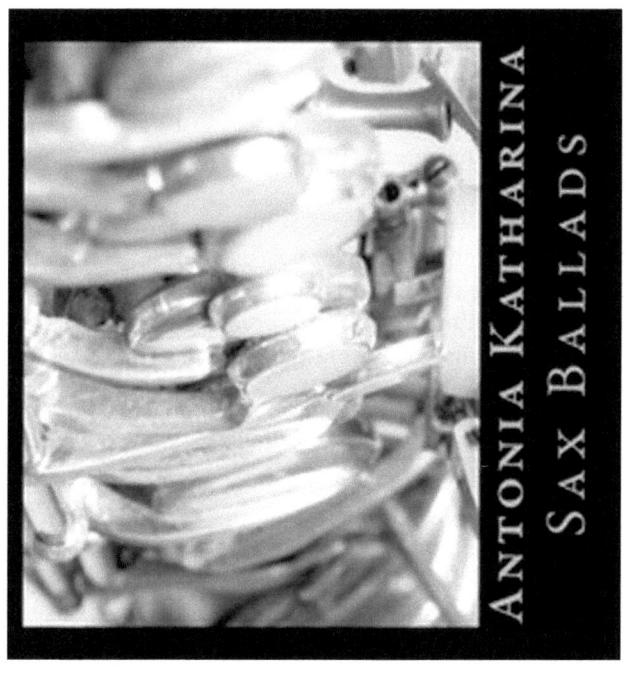

Tattoo – Laser – Cover Up

Wenn der Traum zum Albtraum wird

Sowohl das Tätowieren als auch das Lasern ist nicht nur ein Eingriff in deinen Körper, sondern auch in deine Persönlichkeit und dem daran gekoppelten Gefühl, dir selbst gegenüber. Tätowieren verändert einen Menschen; mitunter hat diese Veränderung weitreichende Folgen und hinterlässt tiefe Spuren in deiner Seele. Festzustellen, dass dir das langersehnte Tattoo nicht gefällt oder gar misslungen ist, ist zudem eine schmerzliche Erfahrung, für die es wenig Helfende und Mitfühlende gibt.

Dieses Büchlein soll nicht nur eine Hilfestellung für Betroffene sein, sondern auch die Gedanken derer anregen, die mit der Idee spielen, sich unter die Nadel zu legen. Nicht nur meine eigenen Erfahrungen rund um das Thema Tattoo – Laser – Cover Up sind hier offengelegt, sondern es wurde auch ein Blick in all die Seelenschmerzen und inneren Qualen gewährt, die mit solchen Erfahrungen verbunden sind.

Jede Krise enthält eine Chance, weswegen die Chinesen dafür ein und dasselbe Wort verwenden. Die Chancen dieser Krise sind die daraus entsprungenen, weiterführenden und sehr hilfreichen Gedanken sowie all die wichtigen Überlegungen zum Tätowieren allgemein, die dir hoffentlich helfen mögen und die du unbedingt anstellen solltest, bevor du eine Entscheidung triffst, die dich in jedem Fall für dein Leben zeichnen wird.

Breakable - Zerbrechlich

Der Skandalroman aus Mecklenburg

Dieser Psychokrimi hat in der Region, in der es erschien, für so viel Wirbel gesorgt, dass sogar die Presse in die Geschichte eingestiegen ist. Anfeindungen, Intrigen und Klagen finden nicht nur im, sondern fanden auch um das Buch herum statt. Näheres ist einzulesen auf dem Blog

breakablezerbrechlich.wordpress.com

Klappentext:

Eine Frau aus der Stadt. Ein kleines Dorf. Eine alte Köhlerkate, traumhafte Umgebung und idyllische Umgebung. Nicolas Leben könnte nicht friedlicher sein. Eines Tages begegnet sie einem Bauern aus der Nachbarschaft. Es ist Liebe auf den ersten Blick. Als diese von dem Mann mit der unverwechselbaren Stimme auch noch erwidert wird, scheint ihre Welt perfekt.
Doch Nicolas Glück ist nur von kurzer Dauer. Trug und Lüge lauern hinter jeder Ecke. Gerade als sie beginnt, das Ausmaß des Bösen zu entdecken, tun sich Abgründe auf, in die sie niemals hätte schauen dürfen.

Nach einer wahren Begebenheit.

'In ihrem spannenden Roman voller überraschender Volten und psychologischer Abgründe begegnet der Leser Figuren, die er seit Langem zu kennen glaubt.'

Henrik Leschonski, Lektor

Nichts geschieht umsonst auf dieser Welt

der Fall

Breakable - Zerbrechlich

die Anhänge

Zwar gilt schon der Roman *Breakable - Zerbrechlich* als psychologisches Lehrstück, doch erst die Anhänge machen die ganze Bedeutungstiefe der Geschichte erfahrbar. Wie wichtig Selbstwert für das eigene Leben ist wird kaum irgendwo deutlicher als im Buch Breakable. Wie wichtig die Liebe zum eigenen Leben und zu sich selbst ist, kaum irgendwo nachvollziehbarer als in diesem Buch.

Antonia Katharina Tessnow gibt mit den Anhängen nicht nur Einblicke in die Hintergründe, sondern offenbart auch die psycho-logischen Zusammenhänge zwischen fehlendem Selbstwert und der daraus resultierenden Zerstörung des eigenen Lebens. Warum erlauben wir anderen das permanente überschreiten unserer Grenzen? Und warum ist es lebens-wichtig, unsere Grenzen zu wahren, den eigenen Wert zu erkennen und unser Potential zu entfalten?

Nichts geschieht umsonst auf dieser Welt eröffnet ganz neue Perspektiven, zeichnet Lösungswege und gibt Hoffnung. *'Liebe deinen Nächsten **wie dich selbst'*** bleibt somit kein leerer Satz, sondern wird zur gelebten Realität, sobald Deine Liebe nicht mehr nur die anderen, sondern auch Dich selbst meint.

Winston

Eine Pferdebuch-Trilogie für Jugendliche

*Der große Sammelband
mit allen 3 Bänden*

Ein Fohlen erblickt die Welt

Die große Show

Nichts ist unmöglich

Winston Band I

Ein Fohlen erblickt die Welt

Die zwölfjährige Juna, die durch tragische Ereignisse viel zu schnell erwachsen geworden und ihrem Alter weit voraus ist, wünscht sich nichts sehnlicher, als ihrem derzeitigen Leben zu entkommen. Durch die Tragik ihrer Lebensumstände findet sie unerwartet einen Verbündeten, der ihrem Leben plötzlich eine ganz neue Perspektive gibt. Das Schicksal stellt sie vor große Herausforderungen und sie begreift schnell, dass Glück und Unglück manchmal näher beieinander liegen, als erwartet.

Antonia Katharina Tessnow, ehemalige Berufsreiterin, trainierte in einem renommierten Sportstall in Schleswig-Holstein Dressurpferde aller Klassen, bevor sie ins Berliner Olympiastadion wechselte. Dort arbeitete sie 6 Jahre lang als Landesverbandstrainerin des Modernen Fünfkampfes, beritt die Verbandspferde und unterrichtete die Disziplin Springreiten. Die Autorin hat eine Pferdebuch-Trilogie geschaffen, die ergreifend, anrührend und authentisch zugleich ist. Winston ist nicht nur ein Buch für Pferdefreunde, sondern auch für all diejenigen, die nichts mit Pferden zu haben, sich aber gerne von packenden und herzerweichenden Geschichten zwischen Menschen und Tieren mitreißen lassen.

"Die Autorin schrieb dieses Buch mit Sachverstand, Empathie und Fantasie. Die spannende Geschichte ist nicht nur etwas für eine Pferdebegeisterte, sondern auch für mich, als ehemaliger Bereiterlehrling und Gruppenleiterin eines Kinderheims."
Marie-Louise Ludwig

Winston Band II

Die große Show

Juna hofft noch immer, irgendwann einmal einen Platz im Leben zu finden, der sicher ist. Während die große Show für viel Aufregung sorgt, entwickelt sich das alte Gestüt, in all seiner Friedlichkeit, nach und nach zum unvergesslichen Ort ihrer Sehnsucht und in ihren stillen Augenblicken gibt es nichts, was ihr fehlt.

Die ehemalige Berufsreiterin und Landesverbandstrainerin des Modernen Fünfkampfes, Antonia Katharina Tessnow, ist 1975 in West-Berlin geboren. Sie sehnte sich ihre ganze Kindheit und Jugend nach einem Leben auf dem Land, weg vom Lärm der bedrängenden Stadt, die an der Mauer endete und die für sie, als junges Mädchen, unüberwindbar war.
Sie hat eine Pferdebuch-Trilogie geschaffen, die nicht nur tief berührend und authentisch ist, sondern all die Sehnsucht nach Sicherheit und Heimat widerspiegelt, die sie selbst einst in sich trug. Winston ist nicht nur ein Buch für Jugendliche, Pferdefreunde, Kenner und Liebhaber, sondern auch für alle, die sich gern von herzerweichenden und anrührenden Geschichten des Lebens mitreißen lassen.

'Beim Lesen der Winston-Trilogie fühle ich mich in die Reiterzeit meiner Jugend zurück versetzt und erlebe durch die Bücher die Atmosphäre der Ställe, den Umgang mit den Pferden und das Flair des Reiterlebens wieder, als wäre ich dabei.'
Bettina Wild, Diensthundeführerin, Tierkommunikatorin und Leiterin des Projektes: Landschaftspflege mit Ziegen, Schafen und Alpakas.

Winston Band III

Nichts ist unmöglich

Juna begreift immer mehr, dass es die Sicherheit, nach der sie sich sehnt, im Leben nicht geben kann. Alles kann in jedem Augenblick anders sein, als erwartet. Sie versteht, dass die Welt der Pferde auch andere Seiten hat und nicht jeder Mensch die Tiere so sehr liebt, wie sie. Wird sie das Schlimmste verhindern können? Steht ein Abschied bevor? Wird Winston überleben?

Antonia Katharina Tessnow, ehemals Berufsreiterin und Ausbilderin, führt heute eine kleine Hundezucht der Schoßhunderasse Bolonka Zwetna und hat ihr Leben vollends den Tieren verschrieben, die sie über alles liebt. Winston, ihr letztes langjähriges Berittpferd in der Landesreitschule am Berliner Olympiastadion, sein einmaliger Charakter und seine leidvolle Geschichte, spiegeln sich in der Winston-Trilogie wider.

'Winston lehrte mich mehr über Menschlichkeit, Charakterstärke und Unduldsamkeit gegenüber Lieblosigkeiten aller Art, als jedes andere Wesen, dem ich je begegnet bin. Möge er in diesen, nach ihm benannten Büchern weiterleben, und möge die Botschaft seines Lebens nie verhallen.'
Antonia Katharina Tessnow

Copyright der Originalausgabe by
Antonia Katharina Tessnow

ALL RIGHTS RESERVED. No part of this book may be reproduced in any form or by any electronic or mechanical means including information storage and retrieval systems without permission in writing from the publisher, except by reviewers who may quote brief passages in a review.